アイデアを
知的財産を活用して

　今や世界中で食べられ、1つの食文化となっているインスタントラーメン。でも、どのように安藤百福が創造的思考によって、インスタントラーメンが発明されたのか知っていますか。

　さらに、知的財産権のおかげで彼のインスタントラーメンの発明が保護されていることを。

　「知的財産って何？」一般的に発明、文学やデザイン、シンボルマーク、ネーミングのような創造的思考やビジネスに利用するものと考えられています。知的財産は、例えば特許、著作権、意匠や商標を保護します。

　他の人がどのように利用するかを特定することができるので、知的財産は、発明や創造をした本人が、周りから高い評価を得たり、経済的な利益を得たりすることを可能にしてくれます。

　まさにこのテキストは、知的財産の役割や実用性を易しく理解できるよう、説明しています。

　「チキンラーメン」や「カップヌードル」の誕生秘話を通して、知的財産を生み出す必要性となる創造的思考について、一緒に学びましょう。

　そして、あなたも、創造的思想と知的財産の活用に挑戦してみませんか。

世界知的所有権機関（WIPO）日本事務所

目　次

5 やってみよう！

インスタントラーメンは世界中で
年間約1,000億食も食べられているよ

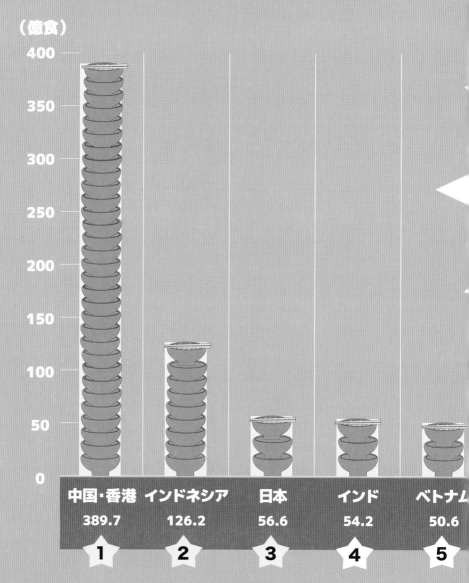

（億食）

中国・香港	インドネシア	日本	インド	ベトナム
389.7	126.2	56.6	54.2	50.6
1	2	3	4	5

世界総需要トップ10
ランキング

図１．2017年のインスタントラーメン世界総需要トップ10
ランキング。世界インスタントヌードル協会　2019年より出典
（https://instantnoodles.org/en/noodles/report.html）

アメリカ	フィリピン	韓国	タイ	ブラジル
41.3	37.5	37.4	33.9	22.3
6	7	8	9	10

世界初のインスタントラーメン「チキンラーメン」はこうして誕生した！

どうやって誕生したの？

チキンラーメンの誕生秘話は、1950年代に安藤百福と共に始まりました。インスタントラーメンを開発する前、安藤百福は、事業に失敗し、財産を失ってしまいました。

社員がいない
会社がない
お金がない

写真：日清食品ホールディングス株式会社

しかし、「想像力」と「創造力」があったので、諦めませんでした。「想像力」と「創造力」は、安藤百福の事業を成功させるための原動力となっていました。

安藤百福は、課題の解決に必要なことを考えました。彼は、人々が、一杯のラーメンを求めて、屋台に長い行列を作っていたのを思い出しました。

Image: Little Bee Books

そうだ！
家庭でいつでも手軽に食べられる
ラーメンを作ろう！

写真：日清食品ホールディングス株式会社

世界の大発明「チキンラーメン」は、この小さくて粗末ながらも普通の家庭にあるような道具のある研究小屋で誕生しました。

課 題

通常、ラーメンを作る時は多くの時間と準備を必要とし、麺も長期間保存することができません。麺を長期間保存し沸騰したお湯のみを使用して自宅ですぐに調理できる方法を誰も知りませんでした。

→
→

アイデア

麺を高温の油で
乾燥させよう！

味付け麺の乾燥方法を考え出すのは簡単なことではありませんでしたが、安藤百福は5つの開発原則に沿ってすべての実験を行い、試行錯誤を繰り返してついに作ることに成功しました。

開発5原則
1. おいしいこと
2. 長い期間保存できること
3. 調理が簡単であること
4. 手頃な価格であること
5. 安全で衛生的なこと

[ヒント]
天ぷらがヒントになった！

ある日、安藤百福は妻が天ぷらを作っているのを見ました。天ぷらは、野菜、魚などを、小麦粉を水で溶いたものでコーティングし、油で揚げる日本料理です。コーティングされた成分は、熱い油で揚げられ、水が蒸発します。これを見て、安藤百福はひらめきました。

発明

瞬間油熱乾燥法
ゆねつ

→→

写真：日清食品ホールディングス株式会社

[実用化]「チキンラーメン」の発売

麺を熱い油で揚げると水分が除去され、ほぼ完全に乾燥します。さらに、揚げられた麺に沸騰したお湯を注ぐと、乾燥した小さな孔から水が吸収されます。これにより、麺が水分を吸収し、柔らかい麺が出来ます。「瞬間湯熱乾燥法」はインスタントラーメンにとって核となる技術で、安藤百福は発明した技術の特許を取得しました。しかし、彼がインスタントラーメンを販売できるようになるまでには、まだやることがたくさんありました。彼はインスタントラーメンをどのようにパッケージ化するべきか、そして彼の製品名は何にすべきかを考えなければなりませんでした。1958年に家族の支援を受けて、彼は世界初のインスタントラーメンである「チキンラーメン」の販売を開始しました。

「チキンラーメン」と知的財産

「チキンラーメン」は爆発的に売れましたが、質の悪い模倣品が多数で回りました。安藤百福は特許、意匠、商標と知財を利用して、「チキンラーメン」を他社の模倣から守りました。

課　題　→

商品	・ 店頭で長期間販売できる
パッケージ	・ 新しい商品を消費者に簡単に理解してもらう
ネーミング	・ お客様にどのような商品なのか理解してもらう ・ お客様に覚えやすく親しみやすいものにする

最終的には、安藤百福はインスタントラーメンの業界団体を競合会社と一緒に設立しました。業界団体の会員企業は、安藤百福の発明特許をライセンス許諾を得て利用することが出来ましたので、インスタントラーメンの品質保証を維持出来たので、インスタントラーメンへの消費者の信頼を高め、市場が拡大しました。

アイデア ⇉ 知的財産

- 麺を高温の油で揚げることで乾燥させる

**瞬間油熱乾燥法
(特許)**

**パッケージ
(意匠)**

- パッケージに透明な窓をつけて、中身が見えるようにする

**チキンラーメン
(商標)**

- チキンスープを麺にしみこませてある

チキンラーメン

写真：日清食品ホールディングス株式会社

更なる発展「カップヌードル」はこうして誕生した！

写真・日清食品ホールディングス
　　　株式会社

課題：日本と海外は、食文化が違う

安藤百福は、アメリカを視察した時に、人々が「チキンラーメン」を二つに割って、紙コップに入れ、お湯をかけてフォークで食べているのを見て、新たな課題を見つけました。

次の 課題

⤷ 紙の容器の中で麺魂が砕けてしまう。

更なる 課題

 麺魂を容器に上から入れると、傾いたり、ひっくり返ったりして、上手く容器に入らない。

安藤百福は、次に世界中で食べられるインスタントラーメンを作りたいと考えましたが、商品化まで幾つもの課題が出てきました。

→ → # アイデア

→ → # 知的財産

カップの容器に入った、フォークで食べられるインスタントラーメンを作ろう！

カップ容器入りの インスタントラーメン

→ → # アイデア

→ → # 知的財産

麺塊の直径を容器の底より大きくし、容器の中間に麺を固定しよう！

麺塊を容器内で中空保持する、宙吊り構造

→ → # アイデア

→ → # 知的財産

ふせた麺塊にカップをかぶせて反転させよう！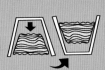

上下逆に置いた麺塊に、容器をかぶせて反転させて容器に入れる方法

「カップヌードル」と知的財産

複数の知的財産権で製品を多面的に保護

製品
カップヌードル

特許
麺塊の疎密構造*

実用新案
麺塊のカップ内での中間保持*

*権利満了

商標

CUP NOODLE
カップヌードル

| 文字商標 | 立体商標 | 位置商標 |

意匠

容器の外観*　　　　　麺塊の形状

*権利満了

写真：日清食品ホールディングス株式会社

他にどんなものがある？ アイデアから知的財産へ

課題　→→　 ヒント　→→　

痛いから注射を受けたくない	・ 蚊に刺されても気がつかない。 ・ 口の先がギザギザになっているからだ！ 
濡れた傘を持つのは嫌だな	・ 蓮の葉は、水をはじいて濡れない。 ・ 葉の表面に小さな突起が無数にあるからだ！ 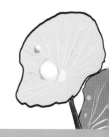
新幹線がトンネルを通った時に衝撃音がするのはどうにかならないの	・ カワセミは、音もなく高速で魚めがけて水中に飛び込む。 ・ くちばしが鋭い四角錐になっているからだ！ 

アイデア → 知的財産

注射器の針をギザギザにする

発明
無痛針

傘の布の表面に小さな突起を
形成する

発明
超撥水加工

空気抵抗を減らすために、
新幹線の先端を鋭い四角錐
にする

意匠
新幹線

他にどんなものがある？ アイデアから発明へ

トーマス・エジソン

課　題 →→

「まず、世界が必要としているものを見つけ出す、そして先へ進みそれを発明するのだ」

－トーマス・エジソン

大 村 智 先生

「 私はいつも我々の必要性や問題の答えは、自然の中にあると思ってきました。私たちがそれらを見つけたのは必然なことである 」

－ 大村智

特許　新しくてオリジナル性の高い技術が、産業を発展させ、生活を豊かにします。あなたの国の発明家はどんな人がいるか、知っていますか？WIPO IP データベースで見つけることが出来ます。

アイデア ➡ 発明

発光させるところを炭化したフィラメントをガラスの真空電球に入れて、家庭で利用できる電球を開発しよう

 +

エジソン電球：初めて売り出された電球は、日本の竹を炭化させたものでフィラメントを作ったので、長時間発光が出来ました

寄生虫を退治してくれる微生物によって物質を隔離する寄生病に効く新しい医薬を開発しよう

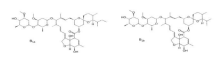

イベルメクチン：あらゆる寄生病に利用出来る殺虫剤の一つとして、アベルメクチンから作った医薬

他にどんなものがある？ 意匠権・商標権で守られている製品

意 匠

薄型テレビ

エッジライトLED，画期的パネル構造，ワイヤレスの技術により、軽くて薄いテレビができました。**この斬新なデザインによって、新しいテレビを使用した生活スタイルが提案されました。**

スマートホン

ボタンをなくして画面上の表示を押して操作する、タッチスクリーンの誕生が、**使いやすくてかっこいい、**スマートホンのデザインに繋がりました。

ペットボトル

ペットボトルは強い商品コンセプトと使いやすさを特徴としています。

商標

二足歩行ロボット
ASIMO

Advanced 新しい時代へ

Step in 進化した

Innovative 革新的

Mobility モビリティー

**商標によって企業の追及する新技術を
消費者にアピールしています**

バスケットボール

国際バスケットボール連盟公認球として認定されています。**高い技術レベル・品質レベルを消費者にアピールする効果となっています。**

世界ブランド
企業価値を高めています

創造されたものを尊重しよう

偽物は、消費者の健康を害したり、消費者を危険にさらしたりします。

偽物のリチウム電池は、中の液が漏れて、それに引火したり、爆発する危険があります。

偽物は、企業のブランドやイメージを悪化させ、売り上げや利益を損ないます。

一見似ているものの、品質に大きな差があります。

偽物を買うと、すぐ壊れたりするので、消費者が損を
します。偽物にただ乗りされると、企業がイノベー
ションや発明の意欲をなくします。

両方をリンクさせた形で育て、継続することが大事です。
「創造する力を伸ばすこと（創造マインド）」
「創造されたものを尊重すること（知的財産マインド）」

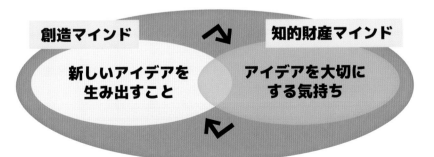

創 造 的 思 考

創造的思考には、3ステップがあります。

課 題　　アイデア　　発 明

何でもヒントに
なるよ

アイデアを
発展させよう

視点を
変えてみよう

ステップアップ
しよう

やってみよう！

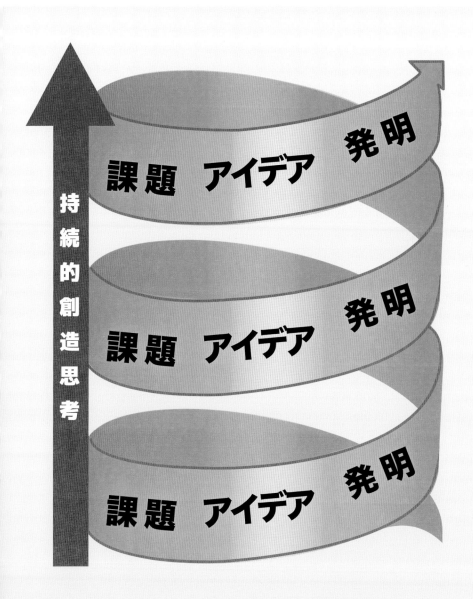

持続的創造思考

課題　アイデア　発明

課題　アイデア　発明

課題　アイデア　発明

継続的にすることが重要です。

知的財産権体系図

知 的 財 産 権

創作意欲を促進

創造力

特 許 権	発明を保護
実用新案権	物品の形状等の考案を保護
意 匠 権	物品のデザインを保護
著 作 権	文芸・学術・美術・音楽・プログラム等の作品を保護
育成者権	植物の新品種を保護
営業秘密	ノウハウ盗用等の不正行為を規制

信用を維持

表示するものについての権利

商 標 権	商品・サービスで使用するマークを保護
地理的表示	地域ブランドを保護
商 号	会社名等を保護
商品表示商品形態	誤認・混同を生じさせる行為、形態の模倣等を規制

産業財産権とは？

・特 許 権　・実用新案権

・意 匠 権　・商 標 権

　　　を指します。

知的財産権の具体例

私たちの暮らしの中にあるものは、様々なアイデアをもとに作られ、知的財産権で保護されています。

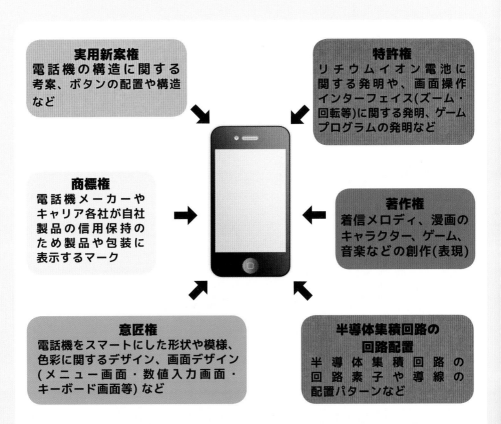

図2：具体的な知的財産権の事例。2013年特許庁公開「理工系学生向けの知的財産権制度講座のためのカリキュラムとその講義用資料」の「その他の知的財産制度（1）」スライド4ページ目（https://www.jpo.go.jp/resources/report/kyozai/rikoukei_shiryou.html）を参考にしてます。

インスタントラーメンは味やパッケージを変えて、世界中で食べられているよ！

中国
ビーフベースのスープに中国特有の香辛料である五香粉（ウイキョウ、シナモン、丁字、陳皮、八角などを加えた香辛料）を加えた中国ならではの味が人気です。

インドネシア
焼きそばタイプのミーゴレンが一番人気。味はベジタブルやチキン、シュリンプが人気で、チリで辛味を加えたものが好まれています。

日本
豚骨、鶏ガラ、魚介といったスープにしょうゆを組み合わせたものが一般的です。健康を意識した商品などバリエーションが豊富です。

ベトナム
1番人気はトムチュアカイ味（エビ風味に辛味と酸味が加わったもの）。歯ごたえのある麺の食感が好まれます。

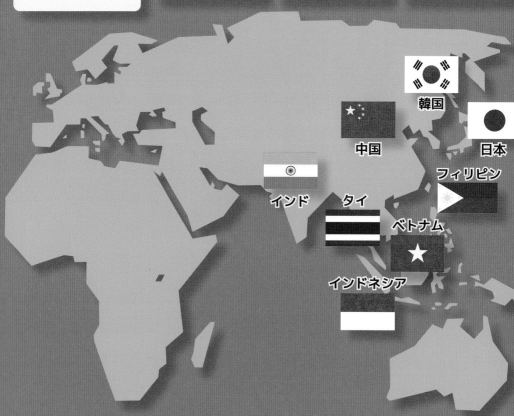

図３：様々なインスタントラーメン文化。世界ラーメン協会2019年調査より抜粋
（https://instantnoodles.org/jp/noodles/report.html）

インド
カレー味（マサラ）やチキンティッカ味が人気。宗教上の理由から約60%がベジタリアンのため、スープはベジタブルやトマトが主流です。

アメリカ
チキンが1番人気。その他にもビーフ、シュリンプ、ベジタブルなど味は豊富で、フォークで食べるのが一般的です。

韓国
スープが赤くなるほど唐辛子が入った辛いラーメンが主流。スープはビーフやシーフードが人気です。

フィリピン
パンシットカントンと呼ばれる焼きそばタイプが人気で、カラマンシー（柑橘系果実）味やホットチリ味が人気です。

タイ
トムヤムクン味やタイスキ味、ミンチポークが入ったものが人気で、唐辛子を加えたスパイシーな味付けが一般的です。

ブラジル
塩味の濃いものが好まれ、スープのない絡める系ラーメンで、味は地鶏(チキン)が一番人気です。

アメリカ

ブラジル

自分で考えてみよう！

課題 → アイデア →
→ 特許 意匠
→ 意 商標

あなただったら、どんな
インスタント食品を作りますか？

どんな味？

どんな材料？

どんな作り方？

ネーミング

パッケージの図

特徴は？

課題の発見！
生活の中で困っていることはなんですか？

こういうのがあったらいいな、はありますか？

遊んでいるとき

街の中で

社会全体で

課題を解決するための
アイデアを出してみよう！

課題

アイデア

アイデアをどのように
保護しますか？

アイデア

知財保護

あなたの創造力に限界は無い
他人の創造力を尊重しよう
成功するまでやってみよう

メ　モ

世界知的所有権機関（WIPO）について

　WIPO（本部はスイスのジュネーブ）は、国際的な知的財産権制度の発展を所管する国際連合（UN）の専門機関です。加盟国数は、日本を含む193か国、知的財産権に関する26の国際条約を管理しています。

　知的財産制度は、特許、意匠、著作権を通じて、経済発展に必要な革新や創造性を促進・普及しつつ、商標と不正競争防止法を通じて、不確実性や混乱、詐欺への対策に取り組み、市場秩序を確立するための手段を提供します。

　WIPOは、1967年に設立されて以来、国際的な知的財産権関連条約や基準について、国際的な議論を行う場を提供し、各国政府による開発戦略の一環としての知的財産の活用を支援し、様々な団体や企業を対象に知的財産権関連の研修を実施しています。また、一般ユーザー向けには、国際的な権利を確保するための国際特許出願制度、国際商標登録出願制度、国際意匠登録出願制度や、紛争を解決するためのサービスを提供しています。さらに、知的財産の情報を集めた各種データベースも無料で提供しています。

WIPO本部ビル（ジュネーブ）

世界知的所有権機関（WIPO）日本事務所について

（無形資産の比重の高まりと知財に恵まれる日本）
　今日、企業価値の8割強が無形資産との報告もあります。目に見えない資産である無形資産の多くは、特許や著作権などの知的財産となります。無形資産の比率が、わずか1割程度であった1970年代と比較し、世界における知的財産制度の役割は、この半世紀で大きく高まっています。
　日本も、その例外ではありません。むしろ、長く技術立国と呼ばれる日本は、特許制度により、多くの研究開発が促され、今世紀に入り、自然科学部門で米国に次いで世界第2位のノーベル賞受賞者数を誇っています。また、古事記や日本書紀、万葉

集、源氏物語など、千年以上も前から、日本文学がはぐくまれるなど、著作権制度が今日有効に機能する文化的な土壌を備えています。その歴史の長さは、地方ごとの産業や文化を醸成し、世界的に知られる多くの地理的表示（GI）や伝統芸能（フォークロア）を生んでいます。英国の調査会社によれば、日本のブランド力は世界一であるとの報告もあります。世界を代表するデザイン賞独iFデザインアワードにおいても金賞の15％を日本が占める（2019）など、日本のデザイン力も高く評価されています。我が国の農産物への世界的な評価の高さから、近年、育成者権への関心が高まっています。このように、日本は、特許、著作権、地理的表示、フォークロア、商標、意匠、育成者権をはじめとした多くの知的財産に恵まれています。

WIPO日本事務所が入居する
ビル（霞が関）

（知財制度のプロモーション）

　資源の乏しい日本において、無形資産の比重が高まる今日こそ、日本の強みである知的財産を有効に活用し、イノベーションや文化、そして人類の繁栄に寄与していくことが求められます。一方、日本の企業や研究・教育機関において、知的財産戦略を強みと認識する経営層や代表はほとんどいないとの経済産業省の報告もあります。私たち世界知的所有権機関（WIPO）日本事務所は、このような、特許、著作権、地理的表示、フォークロア、商標、意匠、育成者権をはじめとした知的財産制度の意義や役割を、広く国内外に足を運び、積極的に発信してまいります。この際、既存の企業や研究・教育機関に限らず、日本や世界の将来を担う学生や中小企業の皆さまへの啓発にも注力いたします。

（日本政府や裁判所との連携）

　また、当事務所は、日本政府の代名詞ともいえる「霞が関」に位置しています。国際連合（UN）の専門機関である世界知的所有権機関（WIPO）と、内閣府、外務省、文部科学省、農林水産省、経済産業省、環境省、文化庁、特許庁、公正取引委員会などの知的財産制度を所管する日本国政府や知的財産高等裁判所をはじめとした裁判所との橋渡し役に努めています。

（国際出願制度の普及）

　知的財産制度、とりわけ特許、商標、意匠等の産業財産権の有効活用の前提として、事業を行う国々や地域での権利の確保が必要となります。国や地域によって異なる制度の中で、国際的な権利を円滑に確保することは容易ではありません。制度や手続きの国際調和を目指すとともに、世界知的所有権機関（WIPO）が所管する国際出願制度の利用をさらに促すことも重要です。当事務所は、各種説明会での情報提供や、日本語による問い合わせ対応、個別企業訪問によるヒアリングなどを通じて、日本における当該制度の普及を図っています。

（途上国協力）

　日本での特許制度等は、既に130年を超える歴史を有し、19世紀の開国以来の発展に大きく貢献しました。こうした日本の経験は、発展途上国にも有用なものとなります。当事務所は、日本政府による世界知的所有権機関（WIPO）への任意拠出金を用いて、IP Advantageデータベース（知財活用事例のデータベース）等を通じた途上国への情報提供、知財分野における途上国人材の育成等を行っています。

（地球規模課題への対応）

　地球温暖化等の環境問題に対する取り組みである「WIPO GREEN」は、日本の産業界から提案され、今日では世界知的所有権機関（WIPO）の主要な施策の一つに数えられています。当事務所は、この「WIPO GREEN」や、顧みられない熱帯病の撲滅に向けた取り組みである「WIPO Re：Search」などへの日本からの参加を促すなど、地球規模の課題への対応にも努めています。

WIPO日本事務所
東京都千代田区霞ヶ関 1 - 4 - 2 大同生命霞が関ビル 3 階
電話：03-5532-5030　メール：japan.office@wipo.int.　ウェブ：http://www.wipo.int/japan

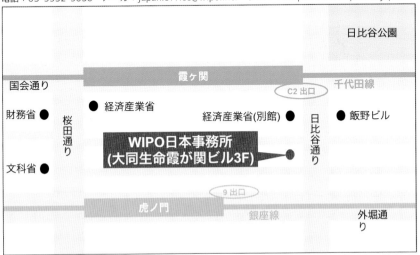

東京メトロ　銀座線「虎ノ門駅」9番出口または千代田線「霞ヶ関駅」C2出口から徒歩3分

監修

世界知的所有権機関（WIPO）日本事務所

日清食品ホールディングス株式会社

編集

一般社団法人発明推進協会

教材作成委員会

委員長

伏本　正典（名古屋大学　特任教授）

委員

親泊　寛昌（東京都立千早高等学校　主幹教諭）

上條　由紀子（太陽国際特許事務所　弁理士）

カラペト　ホベルト（Licks法律事務所　ブラジル弁護士）

渡邉　知子（渡邉知子国際特許事務所　代表　弁理士）

ライター/デザイナー

ナガシマ　ルイーズ

資料

カップヌードルミュージアムウェブサイト

（https://www.cupnoodles-museum.jp/ja/）

日本のトップ発明：インスタントラーメン

（NHK WORLD-JAPAN）

日清食品グループウェブサイト

（https://www.nissin.com/jp/）

Wang, A.(2019)著　マジックラーメン

（安藤百福物語）Little Bee Books発行